AF453146

OBSERVATIONS
IMPORTANTES
SUR LES COLONIES FRANÇOISES.

Moyens de concilier leurs intérêts avec
ceux de la Métropole.

L'ASSEMBLÉE NATIONALE, (*par une suite*
du principe qu'elle s'est formé, de rendre heu-
reuses toutes les parties de l'Empire), a créé,
dans son sein, un comité colonial, chargé spécia-
lement de présenter les moyens de concilier les
intérêts respectifs des colonies & de la métropole,
de procurer aux colons les ressources nécessaires,
pour porter leur culture au plus haut degré de
prospérité.

On devoit beaucoup attendre des travaux de
ce comité ; malheureusement ils ont été contrariés
par les intérêts opposés des commerçans & des
colons.

Les armateurs & les commerçans de France,
(*habitués à considérer les colonies comme leurs*
propriétés), n'ont rien négligé pour éloigner la

A

difcuffion des rapports convenables entre les colonies & l'étranger ; la douce habitude d'un monopole oppreffeur, mais lucratif, leur a fait mécon-
noître leurs véritables intérêts ; ils font parvenus
à écarter une difcuffion, dans laquelle la juftice
& la raifon les auroit fait néceffairement fuccom-
ber : tels font les motifs qui les ont excité à
dénaturer les intentions *pures* de l'affemblée colo-
niale de Saint - Domingue, à préfenter cette
affemblée, comme une réunion de factieux, qui
ambitionnoient l'indépendance, tandis que cette
même affemblée, *marchant fur les traces de
l'affemblée nationale*, ne s'occupoit que des
moyens de profpérité pour les colonies & la métropole, & que fes erreurs, (*fi on pouvoit lui
en imputer*), devoient être excufées par la légi-
timité des intentions.

Les colons, de leur côté, craignoient l'influence
des commerçans & des armateurs ; ils redoutoient
une loi conftitutive, qui auroit refferré leurs
chaînes, qui les auroit irrévocablement foumis au
plus affreux monopole, & les auroit privé des
avantages qu'ils s'étoient promis du nouvel ordre
de chofes.

Dans ce choc d'intérêts & de prétentions, le
comité colonial, (*prévenu par les infinuations
du commerce*), ne s'eft point occupé des véri-

tables intérêts de la métropole & des colonies,
Les repréfentans de Saint-Domingue ont fubi des
humiliations qu'ils ne méritoient pas ; ils n'ont pas
été entendus ; ils ont été traités comme des cou-
pables , auxquels on a daigné faire grace.

C'eft dans ces circonftances que le décret fur
l'état des perfonnes nées de père & mère libres a
été rendu. Il excite une grande fermentation dans
les colonies , & les armateurs de France , qui en
redoutent les effets , font aujourd'hui caufe commune avec les colons , pour engager l'affemblée
nationale à le rétracter , ou au moins à le fufpendre.

Les réflexions qui vont être foumifes, préfentent des vues faines & politiques fur les véritables
intérêts des colonies & de la métropole : fi l'affemblée nationale daigne s'en occuper ; fi elle fe dé-
termine à donner aux colonies une preuve de
confiance , en leur remettant le foin de l'exécution
du décret du 15 mai dernier , (concurremment,
*avec des commiffaires préfentés au roi par le
corps légiflatif, & munis de fes pouvoirs)* ,
les colonies ne tarderont pas à donner des preuves
de leur patriotifme , d'un attachement folide pour
la mère-patrie ; elles s'emprefferont à procurer à
tous les individus les avantages auxquels la conf-
titution d'un peuple libre leur permet d'afpirer.

Il eft donc queftion, il eft effentiel, 1°. de

faire connoître les avantages que la France retire de la poſſeſſion de ſes colonies.

2°. Il convient d'examiner ſi le régime prohibitif, (*invoqué par l'eſprit du monopole*), doit être adopté, s'il n'eſt pas, au contraire, utile d'étendre & de faciliter les relations des colonies avec les puiſſances étrangères en état de leur procurer les objets de première néceſſité.

3°. Au nombre de ces objets, l'article de la population tient le premier rang. Doit-on maintenir le ſyſtême actuel, qui ſe borne à remplacer les mortalités par les reſſources de la traite? Le tréſor public doit-il ſacrifier près de trois millions, année commune, à ce trafic honteux? Eſt-il dans les principes de la politique de le réſerver à la navigation françoiſe & d'en exclure les étrangers? Ne conviendroit-il pas mieux d'encourager la reproduction par les naiſſances, d'admettre l'importation des noirs par les étrangers, en ſe contentant de ménager une concurrence avantageuſe, aux armateurs françois qui ſe livrent à ce genre de ſpéculation ?

4°. Comment eſt-il poſſible de fournir aux colonies les ſubſiſtances & autres articles de première néceſſité ? Eſt-il juſte d'abandonner ce ſoin au commerce de la métropole ? Eſt-il plus utile d'accorder aux colonies la faculté de ſe pourvoir des productions étrangères chez les puissances qui font à leur proximité? Dans ce cas, quelles font les facilités qui doivent être confenties, pour les mettre en état de folder les importations de l'étranger ?

Tels font les articles fur lesquels il eft important de fixer l'attention de l'affemblée nationale.

ARTICLE PREMIER.

DES avantages que la France retire de la poffeffion de fes colonies.

LA richeffe de la France, la fplendeur de fon commerce, & de fa marine, tiennent principalement à la poffeffion de fes colonies. C'eft une vérité qu'il eft effentiel de démontrer.

Les exportations de la France à deftination de fes colonies & de la traite des noirs (*importées annuellement pour fubvenir aux accroiffemens des mortalités*) forment un objet de 100,711,009 l. (1).

---

(1) *DÉTAIL des exportations de France pour fes colonies & la traite des noirs.*

1°. Bois feuillards & merrain, charbon de terre, métaux non ouvrés, bruy, goudron, fuifs, huile à bruler, tant pour l'*Afrique* que pour l'*Amérique* 8,127,000ᶫ

Les importations des colonies en France, font
le prix, non-feulement des exportations directes de

De l'autre part	8,127,000[l]

2°. *Manufactures* en bonneterie, chapel-
lerie, couvertures, dentelles, étoffes & dra-
peries de toutes fortes, mouchoirs, mouffe-
lines, rubannerie, toilerie, &c. pour les
colonies . . . . 27,184,000[l] }
Id. Pour la traite . . . . 10,833,000 } 38,039,000

3°. *Fabriques diverses*, comme argenterie,
bijouterie, armes blanches & à feu, bougies
de table, cartes à jouer, papeterie, corail
ouvré, coutellerie, cuirs apprêtés, fayance,
librairie, mercerie, meubles, parfumerie,
favons, quincaillerie, cordages, jeux de
voiles, toiles & fils à voiles, verrerie,
ouvrages de cuir, de bois & de métaux,
chandelles, uftenfiles de pêche, &c. pour
les colonies, ci . . . . 15,263,000[l] }
Pour la traite, ... 2,953,000 } 18,216,000

4°. *Boissons* ; vins, eaux-de-vie, liqueurs,
bierre, cidre ; pour les colo-
nies, ci . . . . 7,283,000[l] }
Pour la traite, ... 3,081,000 } 10,366,000

5°. *Drogueries diverses* ; pour la peinture
& la teinture, pour les colo-
nies, ... 94,000[l] }
Pour l'Afrique, ... 9,000 } 103,000

6°. *Drogueries médecinales*, comme faf-

	74,851,000[l]

la métropole dans les colonies, mais encore de la vente des noirs achetés en Afrique; ces expor-

Ci-contre	74,851,000ˡ

fran., genfeing, manne, féné, falfepa- reille, &c. pour les colo- nies, ... 367,000ˡ
Id. Pour la traite, ... 21,000 } 388,000

7°. *Epiceries*, comme canelle, géroffle, poivre, &c. pour les colonies, ci 156,000ˡ

8°. *Marchandifes diverfes*, en un grand nombre d'articles, pour les colo- nies, ci 1440,000ˡ
Pour la traite, ... 1234,000 } 2,674,000

9°. *Farines* pour les colonies, ci 9,740,000

10°. Bifcuits de mer, bœufs, beurres, chairs & lards falés (*en grande partie, & prefqu'en totalité d'Irlande*); fromages, poif- fons, morues, pour les colo- nies, ci 6110,000ˡ
Pour la traite, ... 1431,000 } 7541,000

11°. Huiles d'olive, fruits fecs de toutes fortes, & confits; fels & autres comeftibles, pour les colonies, ci 3761,000ˡ
Id. Pour la traite, ... 400,000 } 4161,000

12°. Tabacs du Bréfil, *fabriqués à Lis- bonne*, pour la traite, ci 1200,000ˡ

Total, ... 100,711,000ˡ.

tations forment un objet de 189,300,000 liv. (1).

Le bénéfice des importations sur les exportations, suffiroit pour démontrer, sans réplique, l'utilité des colonies pour la mère-patrie ; en effet, ce bénéfice excède 88 millions ; il répand la richesse dans nos ports, il entretient notre marine ; elle employe

---

(1) *Etat des importations, année commune, des en colonies France.*

1°. Bois de teinture & de marquetterie...	804,000$
2°. Confitures , riz & autres comestibles....................................	242,000
3°. Liqueurs, sirops & taffias...........	127,000
4°. Indigo , rocou , gomme de gayac, gomme de Sénégal , & autres drogueries, pour la peinture & la teinture...........	12,760,000
5°. Drogueries médicinales , comme casse, &c.....................................	210,000
6°. Tabacs en feuilles...............	321,000
7°. Matières premières , comme cotons, cuirs en poil & tanés , écailles de tortue, Dents d'éléphant, cuivre vieux , &c......	27,211,000
8°. Cacao , café , gingembre , sucres , bruts, terrés , tête, vergeois , rafiné , & autres épiceries........................	147,474,000
9°. Marchandises diverses de moindre importance..............................	151,000
Total des importations des colonies Françoises & des comptoirs d'Afrique.........	189,300,000$

annuellement 170, 000 tonneaux au commerce
direct des colonies, & près de 40,000 à la traite
des noirs : le falaire & les profits de ce fret, fub-
divifés dans toutes les villes maritimes, font pour
elles d'une confidération plus importante que les
bénéfices qu'elles retirent de toutes les autres bran-
ches du commerce maritime.

Mais ce n'eft pas ce bénéfice feul qui doit fixer
l'attention.

Les productions coloniales, importées en France,
excèdent de 130 millions notre confommation :
cet excédent trouve un débouché d'autant plus
précieux chez l'étranger, & principalement dans
le nord, qu'il nous procure en échange les bois de
conftruction pour la marine, les métaux non ouvrés,
en cuivres, fers, étains, &c., & les matières premières pour nos manufactures.

Il eft donc prouvé que la balance de notre
commerce ne doit fa profpérité qu'à la poffeffion
des colonies (1); & cette vérité reconnue, l'intérêt

---

(1) *Réfumé des avantages que la France retire
de fes colonies.*

1°. Débouché de 90 millions des productions du fol
& des manufactures ; fi cette exportation ceffoit, un grand
nombre de fabriques & de manufactures feroit anéanti
dans la proportion de la confommation des colonies :

de l'état exige que l'affemblée nationale dirige fon attention fur les moyens propres à les faire jouir des avantages qui doivent être communs à tous les François.

---

les productions du fol feroient privées d'un débouché précieux.

1°. Bénéfices de la commiffion & du fret fur dix millions de productions étrangères expédiées, foit pour les colonies, foit pour les armemens à deftination de la traite.

2°. Plus value de 88 millions des productions coloniales fur les marchandifes expédiées de la métropole pour la confommation & les befoins de la colonie.

En évaluant à 16 millions le prix des affurances, la dépenfe des marins dans les colonies, &c., la marine profite de 72 millions, année commune, dans ce commerce d'échange.

3°. Exportation de 130 millions de productions coloniales ; cette fomme compenfe les exportations de France aux colonies, objet de 120 millions ; elle paye les affurances & dépenfes des marins, article ci-deffus eftimé 16 millions ; elle fait face aux frais de la navigation, qui ne peuvent être évalués au-deffus de 14 millions : ainfi la France trouve un bénéfice équivalent à fa confommation, puifque la totalité des importations des ifles monte à 190 millions, & que toutes fes dépenfes font couvertes par une exportation de 130 millions.

4°. Les colons, prefque tous François, viennent, en grande partie, confommer leurs revenus dans la métropole ; cet article eft de la plus grande importance.

Ce droit naturel a été long-temps méconnu.
Les colonies françoises ont gémi pendant quarante
années confécutives fous le joug impolitique &
barbare du monopole le plus abfolu. De légères
modifications au régime prohibitif ont été accordées en 1767 : bientôt la bonté de ce principe a
été juftifiée : le gouvernement plus éclairé fur
les véritables intérêts de la métropole, s'eft re-
lâché plus ouvertement de l'immoralité des anciens
principes : un arrêt du 30 août 1784 a contribué
à l'accroiffement de la culture dans les colonies,
à celui de la navigation.

Il étoit réfervé, n'en doutons pas, aux repréfentans de la nation, de déterminer la nature des
rapports que la raifon & l'équité follicitent entre

Si la France perdoit fes colonies, le débouché qu'elles
lui procurent, feroit réduit à 50 millions au plus.

Les retours des colonies en France feroient équivalens,
ou peu fupérieurs à fa confommation.

Elle feroit privée de toute axportation à l'étranger,
& feroit dans la néceffité de payer en efpèces les bois
de conftruction, les métaux, & les munitions premières,
dont elle paye, dans l'état actuel, la valeur en productions coloniales ; les colons fixeroient moins habi-
tuellement leur féjour en France ; ils fe répandroient chez
les différentes puiffances, avec lefquelles ils entretiendroient
des relations.

les colonies & l'étranger. L'utilité de ces rapports
sera facilement prouvée dans l'article suivant.

ARTICLE SECOND.

UTILITÉ des relations directes des colonies avec l'étranger.

LA prospérité du commerce & de la navigation
françoise tient à celle des colonies.

Il est donc indispensable & juste de leur procurer
tous les moyens d'étendre leur culture.

Elles ne peuvent la porter au degré de splendeur,
dont elle est susceptible, que par le bas prix des
comestibles, & des objets de première nécessité.

La métropole est hors d'état de les approvision-
ner avec ces avantages ; ainsi l'équité veut, *impé-
rieusement* , que les colonies puissent entretenir
des relations habituelles avec les puissances qui , par
leur position , sont en état de subvenir au défaut
des moyens de la métropole.

Ces vérités incontestables ont été long-temps
méconnues ; le commerce de France (*considérant les
colonies comme sa propriété* , *les colons comme
des cultivateurs à ses gages*) a prétendu que *lui
seul* devoit pourvoir aux besoins des colonies , que
lui seul avoit le droit exclusif du débit de leurs pro-

ductions, que *lui seul* devoit fixer le prix des marchandises d'Europe, & déterminer la valeur des productions coloniales en France.

Le gouvernement a adopté ce système impolitique. La culture des colonies étoit encore au berceau ; elle exigeoit les plus grandes facilités, lorsque des lettres patentes du mois d'octobre 1727 les livrèrent au monopole le plus absolu. Toutes relations directes des colonies avec l'étranger furent anéanties ; elles ont langui sous ce régime oppresseur pendant 40 années consécutives.

Qu'en est-il résulté ? Les exportations de France, tant pour la traite que pour les colonies, (*objet d'environ 16 millions, en 1727,*) n'ont pris que de foibles accroissemens jusqu'en 1767 ; elles montoient alors environ à 36 millions.

Les importations des colonies en France avoient suivi des progressions aussi foibles : elles ne formoient qu'un objet de 18 à 20 millions en 1727; elles s'élevoient à 70 millions en 1767.

A cette époque, les colonies firent entendre des plaintes réitérées ; elles portoient sur l'abus du monopole, & désiroient au moins quelqu'adoucissement : le commerce de France refusoit les sirops & les taffias ; les colons ne pouvoient les vendre à l'étranger, & perdoient conséquemment une partie de leur fortune.

Ces plaintes ne furent pas entièrement écartées ;
un arrêt du 29 juillet 1767 apporta de légères modifications au régime prohibitif & destructeur des
lettres patentes de 1727 ; il permit aux navires
étrangers (uniquement chargés de bois, d'animaux
& bestiaux vivans, de cuirs verds & tannés, de pelleteries, résines & goudrons) d'introduire ces marchandises au port du carénage, isle Sainte-Lucie,
pour les isles du vent, & dans celui du môle Saint-
Nicolas, pour la colonie de Saint-Domingue, & d'y
charger en retour, pour l'étranger, des sirops, des
tafias, & des marchandises venues d'Europe.

Cette première dérogation à la loi prohibitive de
1727 ne fut pas sans succès : elle fut suivie de faveurs plus étendues en considération de la colonie
de Cayenne & de la Guyanne françoise, qui fut ad-
mise à toutes sortes de relations directes avec l'étranger, par arrêt du premier mai 1768, confirmé
depuis par un arrêt du 15 mai 1784.

Un autre arrêt du 28 juin 1783 s'écarta plus for-
mellement des loix prohibitives ; il permit, pour
trois années, l'introduction des noirs par navires
étrangers dans les isles du vent, sous condition,
1° d'un droit de 100 livres par tête ; 2°. de ne pou-
voir prendre en payement que des sirops, des taffias, des espèces, ou des lettres de change sur
l'Europe.

'- Ces tentatives *timides* d'un miniſtère qui redou-
toit les cris du monople , étoient notoirement inſuf-
fiſantes & ne répondoient pas au vœu légitime des
colons : cependant elles furent utiles ; les colonies,
pourvues des beſoins de première néceſſité , y ga-
gnèrent le débouché de leurs ſirops & de leurs
taffias ; leur culture pris des accroiſſemens rapides ;
le commerce de France en profita.

Ce fait eſt poſitif, puiſque, de 1767 à 1784, les
exportations de la métropole, à deſtination de la traite
& des colonies, s'élevèrent à plus de 50 millions ,
& procurèrent des retours en France de plus de
108 millions , année commune.

Ces réſultats ſatisfaiſans ne permirent plus de
doutes ſur l'utilité des relations directes des colonies avec l'étranger ; alors, (*malgré les cris du
commerce , ſans s'inquiéter des menaces qu'il
ſe permit*) le gouvernement rendit , le 30 août 1784,
un arrêt qui , *pour l'admiſſion des navires étrangers dans les colonies* , ſubſtitue aux deux ports
d'entrepôt établis en 1767 , un port dans chacune
des iſles du vent , & les trois ports du Cap, du
Port-au-Prince & des Cayes Saint-Louis pour la
colonie de Saint-Domingue.

Aux termes de cet arrêt, les navires étrangers
qui abordent dans ces ports , doivent être de
60 tonneaux au moins , & uniquement chargés de

bois·de conſtruction, merrain & de teinture, d'animaux & beſtiaux vivans, de charbons de terre,
de ſalaiſons, (celles de porc exceptées) de morues
& de poiſſon ſalé, de riz maïs & légumes, de
cuirs verds en poils & tanés, de pelleteries, de
réſines & de goudron : ils ne peuvent charger en
retour, que des ſirops, des taffias, & des marchandiſes venues d'Europe.

Cet arrêt ne diffère de celui de 1767, qu'en
ce qu'il multiplie les ports d'entrepôt, & qu'il
ajoute aux importations déjà permiſes aux navires
étrangers, le charbon de terre, les ſalaiſons, la
morue & le poiſſon ſalé.

A peine cependant fut-il rendu, qu'il excita les
plaintes les plus vives de la part du commerce.
Le miniſtère n'en fut point effrayé ; l'expérience
lui avoit appris que les relations directes des colonies avec l'étranger, bien loin d'affoiblir leur
commerce avec la métropole, étoient un moyen
aſſuré de contribuer à la proſpérité des colonies,
d'augmenter leur culture, d'accroître leurs importations en France & dans la même proportion, les
exportations de France, tant pour pour la traite
que pour les colonies.

Les faits ont juſtifié ces vues politiques : depuis
1784, les exportations de France, pour les colonies & la traite, ont doublé ; elles ſe ſont élevées

à plus de 100 millions, & les importations des colonies en France, qui ne montoient en 1784, qu'à 168 millions, forment actuellement un objet de 190 millions, année commune.

On ne doit cependant pas conclure de ces comparaisons, que depuis 1784, la culture des colonies a doublée : en effet, depuis cette époque, la consommation des productions coloniales, en Europe, a pris beaucoup de faveur ; les hauts prix ont été la conséquence de cette plus forte consommation ; ils ont influé sur les valeurs qui viennent d'être indiquées.

D'un autre côté, le commerce, *qui a voulu s'approprier une partie de la plus value, que la concurrence & la multiplicité des acheteurs a donné aux marchandises coloniales*, a augmenté, dans la proportion de cette plus value, le prix des noirs & de ses importations directes aux colonies.

Mais il n'en est pas moins vrai que l'exécution de l'arrêt du 30 août 1784, en multipliant les relations directes des colonies avec l'étranger, leur a procuré des moyens beaucoup plus étendus ; que ces moyens ont contribué efficacement à l'accroissement de la culture, à celui de la navigation de la métropole, par une plus grande importation.

C'est un fait incontestablement démontré par le tableau ci-dessous : il donne la comparaison des importations de la colonie de Saint-Domingue en France, de 1780 à 1784, & de 1785 à 1789 (1).

Ce tableau prouve que les accroiſſemens de culture, dans cette colonie, ont été d'un tiers au

(1) *Tableau comparatif des importations de Saint-Domingue en France, pendant les années 1780, 1781, 1782, 1783 & 1784, & pendant les années 1785, 1786, 1787, 1788, & 1789.*

Objets principaux d'importations.	Année commune de 1780, à 1784.	Année commune de 1785, à 1789.	Différences	
			En plus.	En moins.
	Quintaux.	Quintaux.	Quintaux.	Quintaux.
Sucre terré. .	664,000	625,800	. . néant.	38,200
Sucre bruts. .	437,000	807,700	370,700	. néant.
Café.	432,500	648,000	215,500	. néant.
Coton.	32,600	59,500	26,900	. néant.
Indigo.	16,300	11,000	. . néant.	5,300
Cuirs tannés	6,500	8,400	19,900	. néant.
Totaux. . .	1,588,900	2,160,400	615,000	43,500

Il ſuit de ce tableau que la maſſe générale des importations a augmentée d'un tiers dans la révolution des cinq années qui ont ſuivi la promulgation de l'arrêt du 30 août 1784 ; cependant les colonies ont exporté directement à l'étranger leurs ſirops & leurs tafias, en échange des comeſtibles & marchandiſes permiſes par l'arrêt du 30 août 1784 ; il ne peut être fait un plus bel éloge de la politique & des vues ſages qui ont dicté cet arrêt.

moins dans la révolution de cinq années, & les autres colonies n'offrent pas de réfultats moins fatisfaifans.

Il eft donc bien prouvé : 1°. que le monopole & le régime prohibitifs font deftructeurs de la culture & de la profpérité des colonies. 2°. Que les relations directes des colonies avec l'étranger, bien loin d'atténuer les avantages que la métropole retire de la poffeffion de fes colonies, multiplient ces mêmes avantages, augmentent la navigation & les bénéfices du commerce.

On doit cependant obferver que cette affertion, quoiqu'inconteftable, doit être renfermée dans les bornes de la juftice : il feroit impolitique d'ouvrir les ports de nos colonies à tous les étrangers ; on ne doit pas autorifer une concurrence préjudiciable à la métropole, quant aux productions du fol & des manufactures que la mère-patrie peut fournir aux colonies, à des prix modérés.

Ainfi les relations des colonies avec l'étranger, paroiffent naturellement devoir être réduites aux articles de première néceffité.

Ces objets font : 1°. les agens de la culture ; 2°. les commeftibles & les matières premières.

Quant aux agens de la culture, l'introduction doit en être permife à tous les étrangers, en ménageant à la navigation françoise les simples avantages de la concurrence.

L'approvisionnement des comestibles & matières premières, doit être restreint aux Etats-Unis, & aux colonies espagnoles.

Ces deux objets méritent une discussion particulière : on commencera par celui de la traite, qui fait la matière de l'article suivant.

ARTICLE TROISIÉME.

DE la traite des noirs ; des moyens de la diminuer périodiquement, par la reproduction des naissances ; de la nécessité de consentir l'introduction des noirs par navires étrangers.

LA culture des colonies a pris des accroissemens rapides, depuis les facilités accordées par les arrêts rendus en 1767, 1768, 1783 & 1784.

Mais cette culture est encore fort éloignée du dégré dont elle est susceptible, & ce défaut vient principalement du prix excessif que le commerce élève journellement dans la valeur des agens de la culture.

Il est donc important de procurer aux colons le bas prix des agens de la culture : il est à désirer que les efclaves (car il ne faut pas ménager les termes) ayent la fervitude la plus douce, & qu'ils foient dans le cas de jouir de la liberté, lorfque les maîtres feront indemnifés, par leurs fervices, des frais de leur entretien & de leur éducation.

Deux voyes font ouvertes pour établir une proportion convenable entre la population & les befoins de la culture. 1º. la reproduction par les naiffances ; 2º. l'importation par la traite, fur les côtes d'Afrique.

La traite eft le feul moyen qui ait, jufqu'à préfent, fixé l'attention du miniftère : le commerce, *intéreffé à cette branche de fpéculation*, s'eft conftamment attaché par la nature de fes importations, à contrarier, autant qu'il lui a été poffible, les bafes de la reproduction. Les cargaifons des navires font communément de trois quarts en hommes, & d'un quart feulement en femmes. (1).

Il réfulte de cette combinaifon, que le nombre

---

(1) On ne doit cependant pas imputer abfolument cette difproportion à la cupidité des armateurs ; les marchands d'efclaves, dans les comptoirs d'Afrique, ont communément plus d'hommes que de femmes ; la guerre & le commerce leur fourniffent les hommes : ils n'ont que la voie du commerce pour se procurer des femmes ; mais fi les primes avoient été mieux dirigées, fi elles avoient excité l'importation des négreffes, la proportion de la traite entre les hommes & les femmes, auroit été plus rapprochée.

B 3

des mâles étant conftamment au-deſſus de celui des femmes, il y a plus de libertinage, & une reproduction par les naiſſances fort inférieure aux mortalités.

Par une pratique auſſi contraire à la ſaine politique, le commerce s'eſt toujours conſervé la néceſſité d'une traite abondante pour remplacer les mortalités, en même-temps qu'il a trouvé dans les accroiſſemens de culture, de nouvelles matières de ſpéculation propres à multiplier les armemens de la traite.

Le miniſtère n'a point contrarié ce ſyſtême. Il s'eſt *fauſſement* perſuadé que la reproduction par les naiſſances étoit impoſſible ; que la traite ſeule pouvoit remplacer les mortalités (1), & que les accroiſſemens de culture exigeant une plus grande population, il étoit indiſpenſable d'accorder aux armemens à deſtination de la traite, des encouragemens aſſez puiſſans, pour exciter la cupidité des armateurs.

Ce fut d'après ces faux principes que des lettres

____

(2) La fauſſeté de cette opinion eſt juſtifiée par les faits. Le climat des Etats-Unis eſt moins propre aux nègres que celui de nos iſles à ſucre ; cependant les Etats-Unis, & la Virginie principalement, non-ſeulement remplacent les mortalités par les naiſſances, mais encore elles accroiſſent ſenſiblement cette partie de la population.

patentes de 1716, en accordant l'exemption de tous droits de sortie sur les marchandises & productions nationales, à destination de la traite, & l'affranchissement, tant des droits d'entrée que de sortie, en faveur des marchandises étrangères, nécessaires à l'assortiment des cargaisons pour destination de la traite, prohiberont sévèrement l'introduction des noirs par les étrangers.

Ces mêmes lettres patentes modérèrent à moitié les droits de consommation sur les marchandises coloniales, autres que les cafés provenans des retours de la vente des noirs dans les colonies.

A cette époque, la culture des colonies françoises étoit encore au berceau; la consommation des productions coloniales étoit peu étendue; elle formoit pour ainsi dire, un objet de luxe, & n'étoit faite que par les citoyens riches ou aisés; la traite ne s'élevoit pas au-delà de deux mille noirs, année commune; le prix des esclaves étoit modéré : ainsi la totalité de ce prix jouissoit réellement (*par sa conversion en productions coloniales*), de la modération de moitié des droits de consommation, & cette faveur étoit un très-solide encouragement.

Les choses subsistèrent dans cet état jusqu'à l'arrêt du 29 juillet 1767. A cette époque, l'admission des étrangers dans deux ports d'entrepôt, (*en donnant plus de facilité aux colons pour se pourvoir des objets de première nécessité, en leur procurant le débouché de leurs sirops & tafias)* contribua très-efficacement à l'accroissement de la culture : les armemens pour la traite se multiplièrent : les importations des marchandises coloniales, dans les ports de la métropole, augmentèrent considé-rablement : celles qui provenoient des retours de la vente des noirs furent dans une proportion fort supérieure à la consommation nationale : dès-lors la modération de moitié, du droit de consomma-tion, ne trouve plus d'emploi que jusqu'à con-currence de moitié, *au plus*, des productions données aux armateurs, en paiement des noirs par eux introduits.

Le commerce fit alors des représentations : il exposa que les besoins des colonies exigeoient des armemens beaucoup plus multipliés que par le passé ; que la côte d'Afrique présentoit des ressources moins fécondes ; que la rareté de l'espèce ameneroit nécessairement un surhaussement dans les prix ; que les encouragemens étoient plus nécessaires que jamais ; que la modération de moitié des droits de consommation sur les retours de la traite, étoit une faveur en quelque sorte illusoire, à raison de la disproportion de la consommation nationale avec la valeur des noirs, convertie en productions ; qu'il étoit conséquemment indispensable de changer le mode d'encouragement, & d'en accorder un qui ne fût pas problématique pour les armateurs ; que si ce parti n'étoit pas adopté, les armemens pour la traite languiroient, que les colons manqueroient de bras, & que le prix des esclaves s'éleveroit à un taux qui nuiroit aux accroissemens de la culture.

Ces représentations n'étoient pas sans fondement : le gouvernement avoit reconnu l'utilité de l'admission des étrangers dans les colonies ; il venoit, par arrêt du 30 août 1784, d'étendre cette faveur par la multiplicité des ports d'entrepôt, & par la permission d'importer des salaisons, de la morue & du poisson salé : il ne doutoit pas que la culture des colonies prendroit promptement des accroissemens rapides : il sentit qu'ils étoient subordonnés à la multiplication des agens, & *d'après la fausse persuasion* que la traite étoit le seul moyen d'y subvenir, il substitua, par arrêt du 26 octobre 1784, une prime de 40 livres par tonneaux de jauge, sur les navires expédiés pour la traite, à la modération de moitié des droits de consommation accordée aux retours de la traite, par les lettres-patentes de 1716.

Ce nouveau mode d'encouragement, payé au départ des navires, présentoit un bénéfice certain, indépendant des accidens de naufrage, de mortalités & autres : il devoit exciter l'émulation des armateurs, dont il diminuoit les frais d'armement :

il eut du fuccès : les armemens pour la traite, ont introduit dans nos colonies, 25 à 30,000 noirs, année commune, depuis 1785. La traite n'en fourniſſoit, avant cette époque, que 12 à 15,000, année commune, & cet accroiſſement de population a été ſuivi de celui de la culture, de la navigation, & de notre exportation à l'étranger, ainſi qu'on l'a précédemment juſtifié (1).

On pourroit conclurre de cet expoſé, qu'il eſt prudent, même néceſſaire, de conſerver à la traite des noirs les primes qui lui ont été concédées par l'arrêt du 26 octobre 1784, ainſi que les gratifications accordées par l'arrêt du 10 ſeptembre 1786,

---

(1) C'eſt ici le cas de faire obſerver que l'arrêt de 1784, en accordant une prime de 40 livres par tonneau au départ des navires négriers, avoit préſumé qu'elle n'excéderoit pas 40 livres par tête de noirs réellement introduits aux iſles, puiſque la traite ſe fait ordinairement dans la proportion d'un noir & demi par tonneau, ou au moins d'un noir un quart.

Cependant elle excède 60 livres par tête, puiſque l'introduction n'eſt que de 30,000 noirs au plus, & que les primes acquittées, montent, année commune, à 1,950,000 livres.

Cet abus des faveurs du gouvernement eſt une conſéquence de l'infidélité des opérations du jaugeage; on pourroit y remédier, ſi l'aſſemblée nationale conſervoit ces primes inutiles & immorales.

à raifon de 160 livres par tête de noir introduits au fud de Saint-Domingue à la Martinique & à la Guadeloupe, & de 200 livres en faveur de l'intro-duction dans les colonies, de Cayenne, Tabago & Sainte-Lucie.

Mais il eft facile de démontrer que ces faveurs font inutiles : elles coûtent au tréfor public 2,850,000 l. année commune (1), & l'emploi d'une fomme beau-coup plus modique, fur un mode dicté par l'huma-nité, feroit plus efficace & plus utile pour les co-lonies.

(1) La gratification de 40 livres par tonneau, payée au départ des navires armés pour la traite, a été, année commune, depuis 1785, de..... 1,950,000^l

Celles des importations au fud de Saint-Do-mingue, & dans les colonies de Cayenne, Sainte-Lucie, Tabago, la Martinique & la Guadeloupe, a coûté, année commune, de-puis 1787............................ 900,000

T O T A L................... 2,850,000^l

Cette fomme forme reprife fur le produit de la régie des douanes, qui n'excédera pas 15 millions, déduction faite des frais de garde & de régie. Comment peut-on confentir à un pareil facrifice fur une partie de revenus qui, dans cette hypothèfe, coûteroit, fans utilité pour l'état, 50 pour cent en frais d'adminiftration ? Cette confidération eft de quelqu'importance.

C'eſt attaquer ouvertement les plus chers intérêts du commerce que de propoſer la ſuppreſſion
des encouragemens accordés par les arrêts des
26 octobre 1784 & 10 ſeptembre 1786 : mais
cette propoſition a pour but l'intérêt général de
l'état, la diminution ſucceſſive d'un commerce
honteux, ſon abolition dans un petit nombre
d'années, la proſpérité des colonies, & ces motifs
doivent écarter toutes les conſidérations particu-
lieres.

Le but de la traite des noirs eſt de fournir
aux colonies une population correſpondante aux
beſoins de la culture.

Le ſyſtême qui prohibe l'introduction des noirs
par navires étrangers (1), eſt fondé ſur l'utilité
de conſerver, *à la métropole*, le bénéfice des
armemens à la deſtination de la traite; *à la navigation françoiſe*, les profits du fret ſur l'importation des productions coloniales livrées en échange
du prix des eſclaves.

---

(1) Ce ſyſtême n'a reçu d'exception que par les arrêts
de 1768, 1783 & 1784; ceux de 1768 & 1784, accor-
dent à la colonie de Cayenne & de la Guyanne, la liberté
de toutes relations directes avec l'étranger; l'arrêt du 28
juin 1783, autoriſe, pour un temps déterminé, l'introduction des noirs par navires étrangers dans les iſles du
Vent.

Les primes accordées au départ des navires armés pour la traite, ont été confenties dans l'intention de maintenir le bas prix des efclaves, & de garantir les armateurs françois de la concurrence du commerce interlope.

Les gratifications en faveur des introductions effectuées dans les colonies de la Martinique, la Guadeloupe, Cayenne, Tabago, Sainte-Lucie, & le fud de Saint-Domingue, ont été confenties pour mettre le commerce en état de rivalifer, pour les prix, avec les Anglois, qui peuvent facilement exercer le commerce interlope dans ces colonies, & au fud de Saint-Domingue (1).

Il eft donc néceffaire de s'affurer fi ces motifs exigent l'état actuel des chofes, & les facrifices qu'ils coûtent au tréfor public.

PREMIERE QUESTION.

Jufqu'à quel point la traite eft-elle néceffaire à la culture des colonies ?

La traite fur les côtes d'Afrique ne devroit

____

(1) La Jamaïque fait aifément le commerce interlope avec la partie du fud de Saint-Domingue. La Dominique, fituée entre la Guadeloupe & la Martinique, y fait un commerce interlope difficile à réprimer.

exifter que pour une importation égale à l'accroiffement annuel & périodique de la culture dans les
colonies ; car la reproduction par les naiffances
devroit procurer aux anciens établiffemens le
nombre de bras néceffaires à leur exploitation.

Cette vérité ne peut être méconnue, & fi le
gouvernement avoit dirigé fes vues fur ce point
d'utilité, les encouragemens pour la traite auroient
été mieux combinés ; les colons auroient participé
aux faveurs de l'adminiftration, par des récompenfes attachées aux reproductions par la voie
naturelle & légitime des naiffances.

Il eft donc effentiel, il eft digne des légiflateurs
de revenir à ce principe ; fi les naiffances fourniffent affez pour remplacer les mortalités, il eft
fenfible que bientôt la traite n'aura d'autre objet
que de proportionner les importations à la quantité
des individus néceffaires pour l'exploitation des
nouveaux établiffemens ou l'amélioration des anciens ; qu'elle diminuera fucceffivement, & qu'elle
ceffera totalement, lorfque l'activité des colons
aura porté la culture à fon plus haut degré.

Alors il eft évident que la traite étant moins
confidérable, les prix d'achat diminueront, les
choix feront mieux faits, & les importations four-
niront une race d'hommes choifis, fains & ro-
buftes, qui ne tarderont pas à s'acclimater.

Mais tout efpoir à cet égard feroit illufoire,
s'il n'étoit pris des mefures efficaces pour encourager la reproduction dans les colonies. Les moyens
font faciles ; s'ils font mis en ufage, la métropole
& les colonies ne tarderont pas à en reffentir les
heureux effets.

A cet effet, on propofe, 1°. de fupprimer les
primes attachées à l'expédition des navires armés
pour la traite & les gratifications accordées à cer-
taines introductions par l'arrêt de 1786 ; mais de
ftipuler une gratification de 100 liv. par tête de
négreffes importées au-delà du quart de la cargaifon des navires négriers.

Cette efpèce de prime feroit un bon emploi des
faveurs de la nation : bientôt elle proportionneroit
le nombre des femmes à celui des hommes ; elle
feroit d'ailleurs une jufte indemnité des inconvé-
niens attachés à la traite des négreffes , tels que
les ménagemens pour celles qui font enceintes ; le
défaut de produits, à la vente ; les négreffes étant
ordinairement d'un plus bas prix , quoique d'une
valeur égale , à la côte, où les achats fe font par
affortiment.

2°. D'accorder aux propriétaires une gratification de 60 liv. par naiffance , payable à la
révolution de deux années de náiffance , & une
rétribution annuelle de 30 liv. jufqu'à l'âge de

douze ans, en faveur des enfans nés dans la colonie, lefquels feroient, de plus, affranchis jufqu'à cet âge, de la capitation & de la corvée. Ces enfans, par ces récompenfes annuelles, deviendroient, pour ainfi dire, ceux de l'état ; ils regarderoient leurs maîtres, comme leurs pères, & après leur avoir rendu des fervices pendant 35 années, c'eft-à-dire, jufqu'à l'âge de 47 ans, ils jouiroient INDIVIDUELLEMENT ET PERSONNELLEMENT de la liberté, & cefferoient d'être au rang des efclaves (1).

Ces moyens très-fimples feroient peu coûteux à l'état ; ils n'abforberoient certainement pas les faveurs *inconfidérément prodiguées à la traite*, & peupleroient les colonies d'une race d'hommes acclimatés, qui s'attacheroit aux propriétaires,

---

(1) Ces faveurs concilieroient l'intérêt des colons, & des agens de la culture.

Le colon dédommagé par 35 années de fervices gratuits, & par des gratifications qui reviendroient à 420 livres par individu né fur fon habitation, verroit avec plaifir fon efclave libre de fes actions, dans l'âge où les avantages de cette liberté lui feroient plus néceffaires.

L'affranchi habitué à vivre chez fon maître, le quitteroit rarement, & trouveroit, dans un âge avancé, toutes les douceurs de la liberté, fur le fol qui l'auroit vu naître, qu'il auroit amélioré, & qu'il regarderoit en quelque forte, comme fa propriété.

&

& leur rendroit des fervices beaucoup plus réels que ceux des efclaves arrachés à leur patrie.

SECONDE QUESTION.

LA traite doit-elle continuer d'être exclufivement ré-fervée à la navigation de la métropole ? Ne fouf-friroit-elle pas de la concurrence des étrangers ?

Tout privilége exclufif eft un monopole qui ne peut être excufé que par une grande utilité pour l'état.

On fait valoir en faveur de celui de la traite : 1°. l'emploi de 40,000 tonneaux de navigation : 2°. l'exportation de 18 à 20 millions de produc-tions du fol, ou de manufactures, foit regnicoles, foit étrangères.

Il feroit, dit-on, impolitique d'admettre les étrangers à la concurrence : ce feroit accroître leur marine, ce feroit favorifer leur agriculture & leur induftrie, & ruiner dans la même propor-tion, la navigation & les manufactures nationales.

Quelques réflexions fuffiront pour anéantir ces objections.

1°. Il eft faux de dire que la traite foit utile à la marine : fous ce point de vue, ce commerce eft défaftreux : la traite nous enlève, année com-mune, le quart au moins des marins qui y font employés : c'eft un fait qui ne peut être contefté, & dont les réfultats font peut-être plus nuifibles

C

que les profits qui réfultent de cette branche de
fpéculation.

2°. Près de la moitié des exportations pour la
traite confifte en manufactures étrangères, fur lefquelles il ne peut y avoir d'autres bénéfices que
ceux de la commiffion ; car il fera inceffamment
démontré que le bénéfice du fret ne doit point
exifter fur cette branche d'exportation. L'autre
moitié confifte en liqueurs & productions pour
lefquelles la France n'a point à redouter la concurrence de l'étranger.

3°. L'importation des colonies en France, exige
l'emploi de 210,000 tonneaux dans l'état actuel,
tandis que les exportations de France, tant pour
les colonies que pour la traite, ne demandent qu'un
nombre de 150,000 tonneaux au plus. Il eft donc
bien avéré que le tranfport des productions coloniales en France, exigeroit le même nombre de
navires, quand même la traite n'exifteroit pas :
ainfi l'exclufif de la traite ne peut être légitimé par
l'intérêt de la navigation nationale.

4°. L'intérêt de la métropole eft de faciliter aux
colonies toutes les reffources capables d'augmenter
leur culture ; l'exclufif des étrangers pour le commerce de la traite, eft contraire à ces vues politiques : il élève le prix des efclaves à un taux qui
contrarie les fpéculations des propriétaires, vérité
qui fera inceffamment juftifiée.

Ainſi, tout ſe réunit pour abandonner le ſyſtême prohibitif de la traite. Il eſt de l'intérêt de la métropole & des colonies d'autoriſer l'introduction des noirs dans nos colonies par la voie de la navigation étrangère ; cependant il eſt juſte de laiſſer aux armateurs françois, qui voudront ſe livrer à ce genre de commerce & de ſpéculation, les moyens de ſoutenir la concurrence avec les étrangers, principalement avec les anglois, qui, par leurs nombreux comptoirs ſur les côtes d'Afrique, ne permettroient point aux armateurs françois la rivalité, ſi ces derniers n'avoient ſur eux aucun avantage.

Ces principes poſés, il n'eſt queſtion que d'examiner par quels moyens il eſt poſſible d'établir la concurrence.

L'arrêt du 28 Juin 1783, (*en permettant, temporairement pour trois années, l'introduction des noirs par navire étrangers dans les iſles du Vent*) a impoſé ſur cette introduction un droit de 100 liv. par tête de noirs. Ainſi, les étrangers avoient ce déſavantage ſur les armateurs françois, qui jouiſſoient encore d'une prime de 40 liv. par tonneau de jauge au départ de leurs navires, revenante à plus de 60 livres par tête de noir réellement introduits dans les colonies.

Il ſeroit donc juſte, en ſupprimant la prime de 40 liv., 1°. de fixer à 160 liv., argent de France, le droit qui feroit acquitté fur les noirs introduits par vaiffeaux étrangers ; 2°. de porter ce droit à 200 liv. par tête , lorfque les cargaifons ne préfenteroient pas égalité dans le nombre des hommes & des femmes.

Il feroit également convenable de ne permettre le payement des noirs introduits par voie étrangère, qu'en firops , tafias , & lettres de change fur Europe , conditions impofées par l'arrêt du 28 Juin 1783.

En adoptant ces propofitions , le commerce de France auroit des avantages réels, & pourroit foutenir la concurrence avec les Anglois ; mais alors les colonies feroient hors de l'atteinte de la cupidité des armateurs françois , & cet article eft très-important.

En effet , le commerce de France a fucceffivement élevé le prix des nègres depuis quelques années; le taux commun eft au plus bas prix de 2100 livres, c'eft-à-dire de 1400 liv. argent de France ; la prime & les gratifications accordées par les arrêts de 1784 & de 1786 reviennent à 100 liv. par tête, fur la totalité des importations ; ainfi , le prix de vente, pour l'armateur françois , eft au moins de 1500 liv. par tête. Les Anglois donnent les nègres de choix à 1000 liv. argent de France , foit à la Jamaïque , foit à la Dominique ; ils fe chargent de les introduire *par la voie de l'interlope*, au prix de 1200 livres par tête ; ainsi, les armateurs françois, exigent un prix du tiers en sus de celui dont se contentent les armateurs anglois ; & cet excédent de bénéfice, *fruit du monopole*, tourne au préjudice de la culture de nos colonies & de la fortune des propriétaires.

Il est donc évident que l'intérêt de l'état provoque l'admission des étrangers dans les colonies, pour l'introduction des esclaves, & le commerce de France ne peut élever de plaintes contre cette dérogation à la loi prohibitive de 1727.

En effet, 1°. l'armateur françois, dont la traite sera moitié en hommes & moitié en femmes, jouira d'une prime de 100 l. par tête de négresses au-dessus du quart de la cargaison, ce qui revient à 25 livres par tête, sur la totalité du chargement, tandis que l'étranger sera grévé d'un droit au moins de 160 liv. par tête ; le bénéfice du françois sur l'étranger sera donc, à prix égal, de 185 liv. par tête ; ce bénéfice, *sur un armement peu coûteux*, est assez considérable pour exciter la cupidité. (1)

2°. L'armateur étranger ne pourra obtenir en

____

(1) Un navire François chargé de 300 nègres, auroit, par cette combinaison, un avantage de 55,500 livres, sur un étranger dont la cargaison seroit dans la même proportion.

payement que des fyrops & des tafias, & des traites
fur Europe, il fera conféquemment dans la néceffité de ne fonder les fpéculations de fes bénéfices
que fur les marchandifes qu'il expédiera pour la traite,
& fera prefque toujours forcé de revenir à moitié
charge; tandis que l'armateur françois, affuré d'un
retour complet & à un fret avantageux, ne comp-
tera pour rien le fret des marchandifes qu'il embar-
quera pour Afrique, & jouira conféquemment d'un
avantage fenfible fur fa traite à la côte d'Afrique.

Ces moyens, dictés par l'équité, auront les plus
heureux effets, *pour les colonies*, dont ils favorife-
ront la culture ; *pour la métropole*, dont ils aug-
menteront la richeffe & la navigation par une plus
grande importation des productions coloniales. Ils
anéantiront le commerce interlope qui fe fait prefqu'ouvertement, & que les adminiftrations coloniales feront intéreffées à réprimer, lorfque les introductions des noirs par navires étrangers feront
permifes dans tous les ports d'amirautés.

Une réflexion très-importante vient à l'appui des
motifs ci-devant expofés en faveur de l'introduction des noirs par les étrangers : les colonies efpagnoles ont ouvert leurs ports à toutes les nations
pour cette branche de commerce : les anglois y
trouvent un débouché précieux & toujoursaffuré ;
fi nous perfiftons dans notre régime prohibitif, les

colonies espagnoles ne tarderont pas à absorber la totalité des esclaves vendus sur les côtes d'Afrique, & nos colonies seront privées des moyens propres à l'accroissement de leur culture. Cette considération avoit déterminé M. Duchilleau à autoriser l'introduction étrangère au sud de Saint-Domingue, où le commerce, malgré la gratification de 160 livres par tête, ne fait pas des importations correspondantes aux besoins de la culture.

TROISIEME QUESTION.

La prime de 40 livres par tonneau, au départ des navires pour la traite, & les gratifications accordées par l'arrêt de 1786, en faveur des introductions dans les isles du levant & au sud de Saint - Domingue, doivent - elles être continuées ?

La solution est facile. La traite diminuera successivement par la reproduction des naissances, si elle est excitée par des gratifications, tant en faveur des colons, qu'en considération de l'introduction des négresses.

Les armateurs françois jouiront, sur les étrangers, d'avantages assez évidens pour obtenir la concurrence, même se ménager la préférence.

Ainsi l'intérêt de l'état s'oppose à la continuation

des primes & gratifications accordées par les arrêts de 1784 & 1786.

Ces primes, arrachées par les follicitations & les menaces du monopole, feront inutiles, lorfque la liberté de cette branche de commerce, & les encouragemens accordés aux colons, affureront aux colonies, dans tous les temps, & à bas prix, les bras néceffaires à la culture.

Le tréfor public, en fupprimant une dépenfe inutile de trois millions, fera en état de faire face aux encouragemens propofés en faveur de la reproduction ; encouragemens plus conformes aux principes de l'humanité, aux vrais intérêts de la métropole & de fes colonies.

Mais pour ne rien laiffer à l'écart de ce qui peut contribuer à la profpérité de la culture dans les colonies, il convient de rechercher quelle doit être la nature de leurs relations avec l'étranger.

ARTICLE IV.

Néceffité & nature des relations directes des colonies avec l'étranger.

L'ARRÊT du 30 août 1784, forme aujourd'hui la loi fur la nature & l'étendue des relations directes des colonies avec l'étranger.

Cette loi dérogatoire au régime prohibitif des lettres-patentes de 1727, a été trop avantageuse, pour qu'il puiffe exifter l'ombre du doute fur l'utilité de ces relations, fur la néceffité de leur accorder l'extenfion qu'exigent l'intérêt & les befoins des colonies.

Mais ces relations n'ayant d'autre but que de procurer aux colonies, les objets de première néceffité & les comeftibles, il eft prudent & jufte de ne les permettre qu'en faveur des Etats-Unis & des colonies efpagnoles, feules puiffances avec lefquelles ces relations préfentent de véritables points de vue d'utilité.

Si les autres nations font admifes dans les colonies, elles y importeront, *en fraude*, des produćtions d'Europe & des objets manufaćturés, dont la rivalité feroit évidemment nuifible à la mère-patrie.

Cette bafe pofée, il convient de maintenir, ou pour mieux dire, de rétablir les loix prohibitives des lettres-patentes de 1727, à l'égard des nations étrangères, autres que les Etats-Unis de l'Amérique & les colonies efpagnoles (1).

____

(1) Cette difpofition ne comprend pas la traite des noirs, qui doit être permife à toutes les nations.

Il s'agit enfuite de déterminer la nature & l'étendue de ces relations.

L'arrêt du 30 août 1784, n'admet à cette efpèce de cabotage, que les navires de 60 tonneaux & au - deffus; le miniftère a penfé que l'admiffion de bâtimens au-deffous de 60 tonneaux pourroit favorifer la contrebande fur les articles prohibés; cette difpofition eft fage; elle doit être maintenue; mais il ne feroit pas moins utile d'exclure des ports de nos colonies les navires Américains ou Efpagnols au-delà de la continence de 100 tonneaux : des navires d'une plus grande capacité exigent trop de furveillance dans les colonies, où la régie des douanes eft moins févère, que dans les ports de la métropole : d'ailleurs, ce genre de commerce n'exige pas des navires d'un plus grand encombrement (1).

---

(1) L'importation des Etats-ünis à Saint-Domingue, forme un objet , année commune, de ci . . . . 7,300,000^l

L'exportation de cette colonie pour les Etats-unis , bornée aux firops , tafias & marchandifes d'Europe, n'eft que de ci 4,900,000

Différence foldée néceffairement en efpèces ou en traites fur France, ci . . . . 2,400,000^l

Ce commerce eft exécuté par 763 bâtimens Améri-

Aux termes de cet arrêt, les relations des colonies avec l'étranger font restreintes à un seul port dans chacune des isles du Vent, & aux trois ports du Cap, des Cayes, & du Port-au-Prince pour la colonie de Saint-Domingue.

Cette disposition prouve la prudence du ministère ; les isles du Vent n'avoient entr'elles qu'un seul port d'entrepôt ; la colonie de Saint-Domingue n'en avoit qu'un ; c'étoit donc faire beaucoup que d'accorder un port à chacune des isles du Vent, & trois ports à la colonie de Saint-Domingue : mais puisque l'expérience a justifié l'utilité des relations directes des colonies avec les Etats-

---

cains jaugeurs 55,745 tonneaux, ce qui revient à 73 tonneaux par navires, & par 45 bâtimens François jaugeant 3,475 tonneaux, ce qui revient à 77 tonneaux par navire.

L'importation des colonies Espagnoles à Saint-Domingue est, année commune, de ci...................................... 9,700,000ˡ

L'exportation ne monte qu'à ci........ 5,600,000

Excédent de l'importation, ci......... 4,100,000ˡ

Ce commerce est exécuté par 260 bâtimens jaugeants, ensemble 15,600 tonneaux, ce qui revient à 59 tonneaux par navire.

Ainsi la disposition proposée ne peut nullement être préjudiciable au commerce.

Unis & les colonies efpagnoles , il eft d'une bonne politique de les étendre à tous les ports des colonies , où il fubfifte des tribunaux d'amirautés (1).

Ces articles ne font pas les plus importans ; ils font fondés fur la néceffité de fuppléer à l'infuffifance de la métropole pour l'approvifionnement des comeftibles & autres objets de première néceffité ; il eft donc néceffaire d'examiner en quoi doivent confifter les importations des Etats-Unis & des Efpagnols , & de quelle manière les colons pourront acquitter le prix de ces importations.

____

(1) La reftriction des ports d'entrepôt pour les fpéculations du commerce , eft un véritable monopole : il rend illufoire la faveur des relations directes pour les colons qui font éloignés des ports d'entrepôt ; s'ils veuent en profiter , ils font forcés de fubir la loi que leur mpofe le commerce , pour le prix des marchandifes ; ils font dans la néceffité de faire tranfporter à grands frais leurs firops & tafias dans ces ports privilégiés ; leur éloignement d'ailleurs les prive de la facilité des crédits. Si les navires Américains & Efpagnols font admis dans tous les ports d'amirautés , l'avantage des relations directes fera commune aux parties les plus éloignées ; le bienfait fera pour oute l'étendue des colonies. Il fuffit de confulter les cartes géographiques des colonies , pour fe convaincre de cette vérité.

PREMIERE QUESTION.

En quoi doivent consister les relations des Etats-Unis & des Espagnols avec les colonies françoises ?

L'arrêt du 30 août 1784, borne les importations de l'étranger dans les ports d'entrepôt, aux objets suivans : 1°. Les bois de construction, merrain, & de teinture; 2°. les animaux & bestiaux vivans; 3°. le charbon de terre; 4.° le riz, le maïs & les légumes; 5°. les cuirs verds, en poil & tannés; 6°. les pelleteries; 7°. les résines & goudrons; 8°. les salaisons, *celles de porcs exceptées*; 9°. les morues & le poisson salé.

Ce même arrêt ne permet aux colons de donner en paiement que des sirops, des tafias, & des marchandises venues d'Europe.

On ne peut disconvenir que tous les articles d'importation, sont des objets de première nécessité: leur valeur, pour la seule colonie de Saint-Domingue excède 15 millions, année commune; la métropole ne pourroit les procurer aux colonies qu'à des frais énormes; ainsi la politique & l'équité se réunissent pour que les colonies puissent les recevoir de l'étranger au plus bas prix possible.

Les armateurs des ports de France ne peuvent

disconvenir de la la nécessité de consentir, *à ces égards*, les relations directes des colonies vis-à-vis des États-Unis de l'Amérique & des colonies espa-gnoles; ils conviennent même qu'il seroit juste de les étendre à l'importation des farines; mais ils voudroient que ces relations ne pussent être exer-cées que sous les conditions d'un monopole des-tructeur, & pire que celui qui subsiste dans l'état actuel.

Ils demandent : 1º. que ces relations soient con-centrées dans les ports d'entrepôt désignés par l'arrêt du 30 août 1784 ; 2º. qu'elles ne puissent être effectuées que par vaisseaux françois ; 3º. que ces marchandises, à leur introduction dans les colonies, soient soumises aux mêmes droits que celles de même nature, importées en France, & que les farines de l'Amérique soient imposées à un droit prohibitif ; 4º. que les exportations né-cessaires pour balancer les importations, soient assujetties, à leur sortie des isles, à des droits plus considérables que ceux dûs à leur arrivée en France, afin que les américains & les espagnols bornent leurs extractions à la proportion de leurs consommations, & ne puissent les faire à titre de spéculation, pour les différens marchés de l'Europe.

Ces propositions sont révoltantes ; elles prouvent que le commerce ne consulte que ses intérêts perfonnels, & veut réduire fous le joug de l'efclavage le plus abfolu, des françois qui, fous un autre hémifphère, n'ont pas moins de droits à la liberté, que ceux qui habitent la métropole.

Quelques réflexions fuffiront pour déterminer fur les principes de l'équité, la nature des relations qui doivent fubfifter entre les colonies & l'étranger.

Première bafe. Les importations des colonies en France, exigent annuellement 210,000 tonneaux, tandis que l'exportation de la métropole, tant pour les colonies que pour la traite des noirs, n'exige pas l'emploi de plus de 150,000 tonneaux (1).

Ainfi la navigation de la métropole avec fes colonies, ne trouve des moyens d'accroiffement que dans la multiplication des productions coloniales : c'eft une vérité qui ne peut être conteftée.

Deuxième bafe. Puifque la profpérité de notre marine n'eft fondée que fur l'importation des marchandifes coloniales, la métropole a le plus grand intérêt à ce que les colons ayent *à bas prix* les articles d'exportation qu'elle eft en état de lui

---

(1) L'importation de Saint-Domingue en France, employe 115 à 120,000 tonneaux, année commune. L'exportation de France pour Saint-Domingue, n'excède pas un tonnage de 50,000 tonneaux ; la même proportion fubfifte à l'égard des autres colonies.

fournir, & le tranfport de ces objets doit être affranchi du fret : car il [eft compenfé par celui des marchandifes en France. (1) *Deuxième vérité.*

Troifième bafe. En procurant aux colonies les inftrumens aratoires, & les comeftibles aux plus bas prix poffible, leurs habitans ont les facilités convenables pour fe livrer aux accroiffemens de la culture ; la maffe des productions coloniales augmente, & la navigation françoife reçoit des accroiffemens proportionnels. *Troifième vérité.*

Il fuit de ces bafes, 1º. que les relations directes des colonies avec l'étranger, doivent être autorifées dans tous les ports d'amirauté ; qu'il feroit impolitique & barbare de les concentrer dans quelques ports d'entrepôt, où le commerce exerceroit le monopole le plus abfolu, & dont les colons éloignés ne pourroient même profiter.

2º. Qu'il eft indifpenfable d'admettre pour ces relations, la navigation des états-unis & des efpagnols (2) ; car ce feroit les rendre illufoires,

____

(1) Les exportations de France aux colonies, forment un objet de 100 millions, année commune. Les importations des colonies en France, ont une valeur de 190 millions. Bénéfice 90 millions, bien fuffifant pour compenfer les frais de la navigation.

(2) La navigation des Etats-unis & des Efpagnols dans les ports d'entrepôt de Saint-Domingue, ouverts par l'arrêt du 30 août 1784, emploie 71,000 tonneaux.

que

que de les réserver exclusivement au commerce de la métropole, qui seroit hors d'état de les effectuer, & ne les effectueroit pas (1).

3°. Que puisqu'il convient de procurer aux colons les comestibles & autres objets de première nécessité, au plus bas prix possible, il seroit absurde de les grever de droits d'entrée, qui, se confondant avec les valeurs originaires, en augmenteroient nécessairement le prix.

Ainsi les marchandises permises par l'arrêt du 30 août 1784, doivent être reçues dans les ports d'amirauté, en exemption de tous droits, lorsqu'elles seront importées par navires françois ; elles doivent être grévées d'un droit de deux pour cent au plus de la valeur, lorsqu'elles seront effectuées par navires espagnols ou américains.

Cette disposition ne doit même recevoir aucune exception, quant aux salaisons, à la morue, & au poisson salé.

En effet, la France ne fournit de salaisons aux colonies que par la voie de l'Irlande : ce comestible est donc renchéri des frais de commission, de fret

____

(3) La navigation Françoise dans les mêmes ports d'entrepôt, n'emploie que 3,500 tonneaux. Comment pourroit-on espérer qu'elle remplaceroit la navigation des Etats-unis & des Espagnols ?

D

& d'entrepôt dans les ports de France. Les falaifons de l'Amérique font d'une qualité fort fupérieure à celles d'Irlande : celles de porc, principalement, foutiennent les plus longs voyages fans fe corrompre ; elles font plus fraîches, à plus bas prix : les Etats-Unis font nos alliés naturels : il eft donc jufte de leur accorder la préférence fur les irlandois, & la reftriction des falaifons de porc ne doit plus fubfifter.

Quant à la morue & au poiffon falé ; ces articles doivent, fans difficulté, être reçus dans les colonies, au droit modéré de deux pour cent au plus de la valeur. Inutilement le commerce de France a obtenu une prime de 12 livres par quintal fur les morues tranfportées aux colonies ; il eft hors d'état de foutenir la concurrence avec les états-unis (1) ; un droit prohibitif fur les morues & le poiffon falé des Etats-Unis, n'auroit d'autre effet que d'augmenter les bénéfices du commerce de la métropole, & de priver les colons de ces objets de première néceffité.

____

(1.) L'importation des morues, par le commerce de France, n'eft que de 2,500 barils ; celle du poiffon falé de 1,300 barils, année commune, à Saint-Domingue. Les Etats-unis importent annuellement dans cette colonie, plus de 30,000 barils de morue & de poiffon falé, quoique cet article foit foumis à un droit de 3 livres par quintal, & que le commerce de France jouiffe d'une prime de 12 livres par quintal.

Mais à ces articles , il eſt réellement indiſpenſable d'ajouter l'importation des farines , ſous la condition d'un droit au plus de 5 pour 100 de la valeur. Le commerce élévera , ſans doute , les plus vives réclamations contre cette propoſition; il invoquera une exportation annuelle de 1 0 & 1 2,000,000 ; mais l'intérêt des colonies veut qu'elles ſoient écartées , & quelques réflexions prouveront , ſans réplique , que ſes plaintes ne ſeroient pas fondées.

1°. Le prix du bled dans les États-Unis de l'Amérique , eſt , *communément*, égal aux prix du bled en France ; ainſi , les farines doivent avoir à peu près la même valeur originaire ; un droit de 5 pour 100 doit ſuffire pour établir la préférence en faveur des farines de France, dont le tranſport, d'ailleurs, n'exige aucune dépenſe de fret. (1)

2°. Il eſt notoirement connu que le territoire de France ne procure (année commune de dix ans) qu'une récolte correſpondante à ſa conſommation perſonnelle ; conſéquemment l'exportation des farines eſt toujours compenſée par une importation de bleds étrangers , & dans les années de diſette, la métropole eſt néceſſairement forcée de négliger cet article eſſentiel de conſommation.

---

(1) On a précédemment juſtifié que les exportations de France aux colonies , ne devoient coûter aucun fret.

3°. Les farines de France font d'une qualité fupérieure à celles des Etats-Unis ; leur concurrence ne nuira point ou ne préjudiciera que foiblement à cette branche d'exportation ; les farines de France feront toujours préférées par les colons riches ou aifés ; ceux dont la fortune eft plus bornée fe contenteront des farines américaines, d'une qualité inférieure, mais d'un plus bas prix.

4°. Les Etats-Unis, repouffés de nos colonies, font dans la néceffité de chercher un débouché pour leurs farines ; ils le trouvent en efpagne & en portugal. Le commerce de France peut rivalifer avec eux pour cet article de fpéculation, & les befoins de ces deux puiffances offrent, dans tous les temps, un débouché certain, avantageux pour ce genre de confommation, fur-tout lorfque les Américains, plus à proximité de nos colonies, leur donneront la préférence fur la fourniture des puiffances Européennes.

DEUXIEME QUESTION.

Moyens de folder les introductions étrangéres dans les colonies.

L'arrêt du 30 Août 1784 ne permet aux colons de payer qu'en fyrops & tafias la valeur des importations de l'étranger. Ces objets font infuffifans pour former la balance de ces introductions, & l'arrêt veut que l'excédent foit payé, foit en efpèces & marchandifes venues d'Europe, foit en traites fur France. (1)

Une pareille loi répugne à la raifon ; il eft ridicule de vouloir que les Efpagnols & les Etats-Unis fourniffent à nos colonies les comeftibles & matières premières dont elles ont befoin, & que ces puiffances foient obligées de retourner fur leur left, pour venir enfuite chercher en France, à plus hauts prix, les productions coloniales qui font pour elles de néceffité abfolue, & qu'elles fe procureroient, fans frais, à leur proximité, fi les loix prohibitives n'y mettoient obftacle.

Une pareille loi eft toujours éludée ; le commerce interlope fait fortir les productions coloniales, en fraude des droits d'octroi dus à la fortie des ifles ; avec perte pour l'état des droits de romaine d'occi-

---

(1) Les importations à Saint-Domingue, par les Etats-Unis & par les Efpagnols, montent à 17 millions, année commune, argent des colonies.

Elles font balancées par une exportation de 10,500,000 livres, argent des colonies.

Ainfi l'excédent des importations fur les exportations, eft de 6,500,000 livres pour la feule colonie de Saint-Domingue.

dent , dus à l'arrivée des marchandifes coloniales dans les ports de la métropole.

Il eft donc néceffaire de renoncer à ce fyftême im-politique. Il faut permettre l'exportation des productions coloniales , dans une proportion correfpon-dante à la valeur des importations.

Cependant , comme cet acte de juftice ne doit point dégénérer en abus, il convient, 1°. de ftipuler des règles & des mefures propres à conftater la valeur des importations de chaque cargaifon, afin de déterminer la quantité de marchandifes coloniales néceffaires pour en compenfer le prix ; 2°. d'affujettir les marchandifes exportées des colonies pour l'étranger aux droits qui feront acquittés en France fur ces mêmes marchandifes ; 3° d'obliger les capitaines à prendre un acquit à caution pour les ports des Etats-Unis ou des colonies efpagnoles dans lefquels il y a des confuls François, & de fournir caution pour le rapport de ces acquits revêtus des certificats de décharge.

Ces moyens font juftes , & garantiffent que l'exportation directe des colonies n'excédera jamais la valeur des importations.

Ils ne peuvent mettre les Etats-Unis dans le cas de rivalifer avec la France pour le tranfport des denrées coloniales en Europe. En effet , les marchandifes , au moment de leur exportation des colonies font d'un prix moins élevé qu'à leur arrivée en France, puifque, dans ce dernier cas, les prix de fret & les avaries de mer font partie de la valeur : cependant les productions coloniales enlevées directement pour les Etats-Unis, acquitteront les mêmes droits que les marchandifes importées en France ; elles feront de plus affujetties au tranfport dans les Etats-Unis : ainfi, ces marchandifes ne pourroient être expédiées des Etats-Unis pour Europe, que grévées de droits & de frais qui ne leur permettroient pas *de foutenir* la concurrence avec le commerce de la métropole.

En réfumant ces obfervations, on voit qu'il n'eft aucun motif pour refufer aux colonies les relations que la juftice réclame en leur faveur vis-à-vis des Etats-Unis & des colonies efpagnoles. Ces relations ne tarderont pas à porter leur culture au plus haut dégré de fplendeur, & les réflexions précédentes prouvent, fans replique, les avantages immenses qui doivent en réfulter pour le commerce de la métropole.

De l'Imprimerie de L. POTIER DE LILLE, rue Favart, N°. 5.

www.ingramcontent.com/pod-product-compliance
Lightning Source LLC
LaVergne TN
LVHW021822170726
843503LV00007B/3318